HSU THE SPIRIT OF THE FOUNDER OF HAPPY SCIENCE UNIVERSITY PART 1

幸福の科学大学 創立者の精神を学ぶI（概論）

宗教的精神に基づく学問とは何か

大川隆法

RYUHO OKAWA

まえがき

このたび「幸福の科学大学」創設を志すに到り、その設立趣旨《しゅし》とカリキュラムの概要を文部科学省の大学設置室に提出し、その諮問《しもん》機関である大学設置・学校法人審議会と公式に二回ほど意見のキャッチボールがあった。その中に、幸福の科学大学の教養基礎科目に予定している「創立者の精神を学ぶⅠ」「同Ⅱ」について、その内容が判らないし、担当する教官の能力判定もできないので、「保留」と通知してきた。悲しいことに、役人や審議会の委員には、「宗教家」と「宗教学者」の区別すらついていないのだ。そもそも、私の著作群を読んでもいないので、内容が判らないと言っているだけで、審議会のメンバーの誰の意見かも分からず、文科省の大学設置室長に到っては、本を手渡しても受け取らず、郵送すれば、送り返してくる始末である。これで審査するとは不勉強を通り越して、サボタージュ、税金の無駄づかいである。その担当官三人とも七月二十五日付人事で「ご栄転」され、今までの説明や約束も、どうなったやらで、次の役人に替わって、夏休み入りである。

ということで創立者（大川隆法）の精神を、私の本を一冊も読まないで判定しようとしている人たちのために、新しく「概論」として語り下《お》ろしたのが、この「Ⅰ」と「Ⅱ」の「概論」である。

予期せぬ収穫もあって、私の累計千六百冊以上の著作を読み続けていた人たちにも、新しい切り口から私の考え方が判るようになっている。

この『創立者の精神を学ぶⅠ』では、現代日本に新しい精神的主柱が必要な理由や、審議委員が「『心の定義』が判らない」と言っていることへの回答が述べられている。精神世界の勉強をしてみたいと思っている人たちへの、新しい福音《ふくいん》となるとともに、幸福の科学大学の担《にな》う新文明建設における「霊性の樹立」の核にあたる考えが明確にされている。

大学設立に関してということのみならず、新時代を生きようとする人たちにとって、「北極星」ともなるべき揺るがぬ指針がそこには示されている。

二〇一四年　八月十六日

幸福《こうふく》の科学《かがく》グループ創始者兼総裁《そうししゃけんそうさい》

幸福《こうふく》の科学大学創立者《かがくだいがくそうりつしゃ》　大川隆法《おおかわりゅうほう》

幸福の科学大学創立者の精神を学ぶⅠ（概論）　目次

幸福の科学大学創立者の精神を学ぶⅠ（概論《がいろん》）

――宗教的精神に基《もと》づく学問とは何か――

二〇一四年八月十四日　説法《せっぽう》
幸福の科学「奥《おく》の院精舎《いんしょうじゃ》」にて

幸福の科学大学創立者の精神を学ぶⅠ（概論《がいろん》）

――宗教的精神に基《もと》づく学問とは何か――

二〇一四年八月十四日　説法《せっぽう》

幸福の科学「奥《おく》の院精舎《いんしょうじゃ》」にて

本書は、質疑応答形式で説かれた法話である。

[質問者二名は、それぞれA・Bと表記]

1　なぜ今、「幸福の科学大学」が必要なのか

A――　幸福の科学大学は建学の精神として、「幸福の研究」と「新文明の創造」を挙げておりますが、あらためて大川隆法総裁が幸福の科学大学を創立するに当たって考えておられる「幸福の科学大学の建学の精神」、ならびに「幸福の科学大学に託《たく》された使命」について教えていただければ幸いです。

日本の教育学全体にかかわる「戦後体制」の問題

大川隆法　すでに大学はたくさんありますし、日本国全体をマクロ的に見れば、人口が減っています。特に若者や子供の人口が減っているなかで、定員割れの大学もかなり出ているわけです。

ですから、内容を気にせずに見るとすれば、「あらためて新設大学など要《い》らない」という考えも成り立つだろうと思います。

しかし、一方では内容に関して、もう一段、大きな問題があります。

例えば、これは日本の教育学全体にかかわることであろうと思いますが、

「戦後憲法体制」が始まって以降、憲法学者や民法学者、政治学者、教育学者等においては、左翼《さよく》的なイデオロギーに染まった考え方を持った人が非常にもてはやされました。

はっきり言えば、戦後体制をつくるに当たって、占領《せんりょう》軍が日本の国を弱くするために意図的にやったこともあるわけです。彼らは共産主義的な思想を流行《はや》らせました。そして、その流れに乗っていた人たちが学問的にも指導者になり、さまざまなものをつくっていった経緯《けいい》があります。現在、活躍《かつやく》している人たちは、そのお弟子《でし》さんの世代から、次の孫弟子の世代かと思います。

今、政治のほうでは、「戦後体制の見直し」をかけているところです。

日本の歴史観の問題や、先の大東亜《だいとうあ》戦争、第二次大戦の問題等についても、「日本の戦争は、ナチス張りの極《きわ》めて非人道的なホロコーストを伴《ともな》うような戦争であった」ということに対して、学問的な意味からも非常に疑問が呈《てい》されています。

これが、日本の敵側にいた者たちの「反戦・反日プロパガンダ」をそのまま取り入れたものであることを知らせるために、私は宗教の立場やジャーナリスティックな立場から、いろいろなかたちで本を出しているわけです。

しかし、やはり、「教育」のほうが、次の世代の人たちを育てていく大きな力になりますので、「教育に一本筋《すじ》を通さねばならない」という考え方を私は持っています。

「精神的な柱」が立っていた明治憲法下の教育

では、教育に通すべき筋とはいったい何でしょうか。

第二次大戦に至る前、すなわち明治憲法下における教育においては、「明治維新《いしん》の精神」があります。それから、もちろん「維新の立役者《たてやくしゃ》たちの考え方」も反映しています。大日本帝国《ていこく》憲法（明治憲法）ができて、一般《いっぱん》的には、天皇制を主軸《しゅじく》にした「国家神道《しんとう》」が国の精神的な柱として立っていたわけです。その精神のなかから、さまざまな道徳的なものの考え方が流れ出ていて、各教科やいろいろな学問への影響力《えいきょうりょく》もあったと思います。

もちろん、今日《こんにち》的な「学問の自由」と「多様性」という観点から見れば、物足りない面は当然ありますし、「富国強兵《ふこくきょうへい》」を掲《かか》げるアジアの新興国家として、強大な力をつけようとしていた時代であるため、国家の方針に反するような学問的研究や思想が広がりにくい状況《じょうきょう》になっていたことは事実です。

ただ、今日的な目で見ても、左翼的な新聞報道やテレビ等で見るような、非人道的で反動的なものが教えられていたわけではありません。

「教育勅語《ちょくご》」なども、明治天皇や皇后《こうごう》が「心を中心とした教え」を説かれた和歌や、その大御心《おおみごころ》を詠《よ》んだ和歌などが実に見事に織り込《こ》まれています。「和歌の形式で真理を語っている」ということは、ある意味で、「天皇陛下《へいか》が宗教的な意味合いを持ったお考えを明らかにされている」ということであり、それが政治や教育、行政面など、いろいろなところに影響があったと考えています。

これが、戦後体制のなかで骨抜《ほねぬ》きになっているのです。

一般《いっぱん》的な宗教の定義に当てはまらない「神道《しんとう》」

もちろん、戦前に問題がなかったとは申しません。

明治憲法体制下において、「信教の自由」は制定されていたため、いろいろな宗教があってもよいことにはなっていましたが、明治政府の見解によれば、いわゆる「国家神道《しんとう》」といわれる天皇制を中心とした神道は、宗教ではないのです。「神道は、日本の伝統的な価値観を体現した習俗《しゅうぞく》である。あるいは、習慣や風習、文化的伝統などを表しているものである」ということです。

簡単に言えば、「お正月に神社に参拝《さんぱい》に行って、神様に一年の誓《ちか》いを立てる」などといった文化的様式と非常に密接なものであるので、「一般《いっぱん》的な意味での宗教には当たらない」という見解を持っていたわけです。

ですから、「信教の自由」として幾《いく》つかの宗教はあってもよいのですが、国家の中心には「国家神道」がありました。

それは、どちらかといえば、単なる宗教ではなく、明治憲法ができる前の〝constitution《コンスティチューション》〟、つまり「慣習法」と考えてもよいですし、「国体」という意味に取ってもよいと思います。そうした〝目に見えない憲法〟が、日本の歴史のなかで天皇制を中心としてつくられました。そして、それを中心にした政《まつりごと》の機構が出来上がっていたのです。

それは、「政治的な機構」と「宗教文化的な考え方」の両方を包含《ほうがん》したものでした。そういう、「成文法」ではない「不文法」としての神道の流れが長くあったわけです。こういうものが下敷《したじ》きにあって、「神道は、いわゆる普通《ふつう》の宗教とは違《ちが》うのだ」という分け方をしていました。

現在の宗教法人法の考え方からすれば、宗教とは、基本的に教祖ないし開祖がいて、基本教義が説かれ、さまざまな儀式《ぎしき》や儀典があり、さらに、その教えを広げていこうとする組織と運動を伴うものです。そういう考え方が基本的にあります。

「開祖ないし教祖がいて、教えがある。最初にその御教《みおし》えというものがあって、さらに儀式や儀典類を持っていなければいけない。もちろん、それに伴ういろいろな様式の建物が必要である。つまり、神殿《しんでん》やお寺などが要る。さらには教えを広げていこうとする活動が必要である。伝道や布教《ふきょう》という言い方はあるが、そういう活動を伴うものが宗教である」ということです。

この定義からすると、従来の神道は、いわゆる「宗教」には当たりません。それを神社本庁も認めているのです。

証拠《しょうこ》がないかぎり実在を認めない「戦後の歴史家」

「日本神道には、そもそも開祖がいない」と言われています。これは、そのとおりであり、開祖あるいは教祖に当たる者がいないのです。

例えば、『古事記《こじき》』『日本書紀《にほんしょき》』には、神代《かみよ》の代の神々などは出てきますが、それが実在したかどうかについては、実証的なものがないので分かりません。『古事記』『日本書紀』に書かれている名前だけしか分からず、その方がどういう教えを説かれたのか、どういう活動をされたのかは分からないのです。

神代七代《かみよななよ》が終わったあと、天皇が現れてきます。神武《じんむ》天皇以下、百二十五代天皇まで続いていますし、その歴史は残っていますが、初期の天皇である第二代から第九代までは、歴史家のなかで議論がいろいろとあり、「実在するかしないか、よく分からない」という意見もあります。

それは、『古事記』や『日本書紀』のなかに、その人の事跡《じせき》が明確に書かれていないからです。象徴《しょうちょう》的なことについては書かれていることもありますが、明確ではないので、「もしかしたら、『古事記』『日本書紀』の編《へん》纂《さん》期において、必要なものとして創作された部分もあるのではないのか」と疑う歴史家もいます。

そういう考え方は、左翼的な唯物論《ゆいぶつろん》や実証主義と極《きわ》めて相性《あいしょう》がよいので、特に戦後の歴史家のなかに、「明確な証拠《しょうこ》がないかぎり、実在を認めない」という考え方が強く出ているわけです。

初代天皇の神武天皇から始まって、いろいろと続いていくわけですが、「神武天皇という人はいなかったのではないか。神武ではなく、実は雄略《ゆうりゃく》天皇を当てはめているのではないか」という言い方をする人もいます。

神代の代に入りますが、天照大神《あまてらすおおみかみ》という存在についても、「天照大神は実在ではなく、卑弥呼《ひみこ》のことではないのか」と言う人もいます。「卑弥呼なら九州か大和《やまと》地方か、どちらかには存在するだろう。そういう意味で卑弥呼ではないか」という意見もありますし、「いや、卑弥呼ではなく、歴史的人物として出てくる人ではないか。朝鮮《ちょうせん》半島に対して援軍《えんぐん》を出して、日本の友軍である百済《くだら》等を守った神功《じんぐう》皇后が投影されているのではないか」という考えもあるわけです。

さらには、異説としては、「『古事記』『日本書紀』の編纂期に直接影響を与《あた》えた持統《じとう》天皇という女性の天皇がいるが、『女性の天皇が立つ』ということは、非常に異例なことであるので、それを正統化する意味で天照信《しん》仰《こう》を立てた。あるいは、卑弥呼や神功皇后などの活躍がたくさんあったと見えるように、歴史が書き換《か》えられたのだ」というような意見もあります。

このあたりについては、「証拠主義」で言うかぎり、古いものほど、はっきり分からないのです。

「開祖」「教祖」が分からない日本神道《しんとう》の特徴《とくちょう》

このように、歴史学者の見方によれば、確かに日本神道《しんとう》では、開祖が誰《だれ》かも分かりません。

『古事記』において、最初に現れたる神として出ている天御中主神《あめのみなかぬしのかみ》は、肉体を持たない独《ひと》り神であると言われています。男女の別もなく、肉体を持っていない神として、天空神《てんくうしん》のように突如《とつじょ》現れたような書き方をされています。

それから、『日本書紀』のほうでは、国之常立神《くにのとこたちのかみ》が出てくるわけですが、この方の事跡もはっきりは分からないのです。神代の時代を写照《しゃしょう》した、天皇家の「初代」や「原型」に当たる方であったのかもしれませんが、いったい、どのような考え方で教えを説かれたのかは明らかになっていません。

したがって、日本神道では「開祖」が分からないのです。

天照大神にしても、『古事記』の系図から見ると初代ではありません。

十二番目に出てくる伊邪那岐命《いざなぎのみこと》は、出雲《いずも》地方と思われる「黄泉《よみ》の国」においてて伊邪那美《いざなみ》の葬式《そうしき》を出したあと、今の南九州の宮崎《みやざき》県の辺りに帰ってきました(『伊邪那岐・伊邪那美の秘密に迫《せま》る』〔幸福の科学出版刊〕参照)。

葬式をした穢《けが》れがありますので、そこで禊祓《みそぎはら》いをし、左目を洗い、右目を洗い、鼻をすすいだときに「三貴神《さんきしん》」という神が生まれたわけです。そのなかの筆頭として、天照大神がお生まれになったとされています。

これは、当然ながら、象徴学的《しょうちょうがくてき》な解釈《かいしゃく》をしなければならないものでしょう。生物学的に考えれば、「男の神様が左目を洗って、子供が生まれる」というのはおかしな話なので、やはり、「神話」「たとえ話」「何かの象徴」「メタファー（隠喩《いんゆ》、暗喩《あんゆ》）」と考える学者が多いわけです。エビデンス（証拠）等を重視する学者は、そういうことになります。

そうすると、「日本神道の主宰神《しゅさいしん》」といわれている天照大神についても、「神々の名前において数十番目に出てきているのに、何ゆえに主宰神なのか」と感じます。そのあたりについての説明が『古事記』にも『日本書紀』にも書かれていません。

「機織《はたお》りをしていた」「岩戸《いわと》隠《がく》れをした」「弟の須佐之男命《すさのおのみこと》が馬の皮を剝《は》ぎ、それを上から屋根を破って落としてきたので、国外へ追放した」などという事跡は出てきますが、「全体として、どんな考えを持っていたのか」「どんな教えであったのか」ということについては説かれていません。

「教え」ではなく「参拝《さんぱい》の儀式《ぎしき》」がある

そういう意味で、日本神道は教祖が確定できませんし、教えがはっきり分からないのです。

言ってみれば、日本神道は、神社の「大鳥居《おおとりい》」のようなものです。

インドにある参拝《さんぱい》の施設《しせつ》にも、鳥居に似た石造りのものがありますので、それが伝わってきて、まねたものだとは思います。それは形的に見れば、「天」という字によく似ています。つまり、天御中主神や天照大神の名前についている「天」という字によく似た形をしています。

要するに、「鳥居をくぐるという行為《こうい》で信仰に入《はい》る」というかたちに見えるわけです。

ただ、かたちはあれども、「教えが何であるか」という点は明確ではありません。幸福の科学の「霊言集《れいげんしゅう》」等では、ある程度、教えが出てきていますが、神道の正統な流れのなかでは、明確にされていないのです。

それから、参拝の儀式《ぎしき》については、伊勢神宮《いせじんぐう》系と出雲系において、若干《じゃっかん》、方法が違いますが、いずれにしても、「お辞儀《じぎ》をし、手を合わせ、拍手《はくしゅ》をしながら敬意を払《はら》う」というようなかたちで行います。

その前には、「禊祓い」に代わるものとして、たいていの場合は、手洗い場がありますので、ひしゃくで水を汲《く》んで、口をすすいだり、手を洗ったりして、「清め」をしてから参詣《さんけい》して、例えば、二礼二拍手したりするようなかたちをとります。

要するに、これは、「尊いものに対するご挨拶《あいさつ》をして、心のなかで、何らかの心願《しんがん》を立てる。そして帰る」というようなかたちでしょう。ただそれだけですので、日本神道は、いわゆる、先ほど述べた、宗教法人法に言うような宗教的な活動形態は持っていません。

今の神社本庁が言っていることは、明治政府が言っていたことと一緒《いっしょ》であり、「神社本庁も、本来の意味では宗教に当たらないのですが、やはり、神様についての信仰がある以上、宗教法人として扱《あつか》われている」というようなことを、神社本庁の人も説明しています。

これが現在の状況です。今の日本神道は、戦前のような、中心的な国家神道ではありませんが、幾つかの宗教のなかの、日本固有の伝統的な宗教として存在しています。そして、いろいろな神社ごとに、多少、考え方や祀《まつ》っているご祭神《さいじん》が違うのです。

新しい「精神的な主柱」を立て、日本を国家たらしめたい

日本は戦後、占領軍によって新しい憲法体制を与えられ、軍隊を排除《はいじょ》され、戦争を禁止されて、完全に武装解除されたかたちの、独立国家ではない状態からスタートしたわけですが、もう七十年近い歳月《さいげつ》がたち、国家としての当たり前の姿に戻《もど》らなければならない状態に、今、なっていると思うのです。

そのようななかで、現在、世界宗教としては、仏教、キリスト教、イスラム教等が遺《のこ》っていますが、そうしたもののなかにある大事なものを学び

つつ、日本独自の伝統的な考え方も生かした上で、「新しい時代に合う精神的な主柱」を、この日本に立てる必要があるのではないでしょうか。そして、そうした精神的な主柱に基《もと》づいて、新しい教育体系や学問をつくっていくことが、これからの未来の日本を国家たらしめるためには、必要なのではないかと思うのです。

そのようなわけで、自力で立ち上がるための一歩として、GHQ（連合国軍最高司令官総司令部）が潰《つぶ》しにかかってきたものの復元をしなければいけないでしょうし、あるいは、イノベーションが必要だと思います。

天皇制自体は、今も遺ってはいますが、極めて形式的なものになっており、実質的なことは、何もしない内容になっていますので、これに関して、精神的なるものが必要だと考えています。

日本の伝統的な神道の教えが十分でないために、聖徳太子《しょうとくたいし》の時代に仏教を移入して、教えの足りない部分は仏教が引き受け、形式的なものや古来の日本の神様方への信仰は失わないなかに、基本的な人間の考え方、勉強、あるいは学問をつくっていきました。その際、「神仏習合《しゅうごう》」のなかで日本に仏教というものが興《おこ》ってきたわけです。

そうした、中国や朝鮮半島を経由して聖徳太子が入れた仏教に当たるものを、今の時代の新しい精神的思想として入れようとしているのが幸福の科学であり、「その精神的思想に基づいて、日本に今、足りざるところをきっちりと一本筋を通して、明治維新で十分に成し遂《と》げられなかった部分を完成させたい」という気持ちを持っているわけです。

「明治の精神」が分からなくなった大正・昭和時代

明治維新は、当初の「攘夷《じょうい》思想」から「開国思想」へと移っていき、同時に、「日本人の食生活や生活習慣の洋風化」ということは起きましたが、幕府の大政奉還《たいせいほうかん》を伴う「王政復古」の思想もありましたので、「古代に返れ」思想と一体化したものなのです。

これをヨーロッパで考えてみると、どうでしょうか。フランスでは「フランス革命」が起きましたが、結局は、ナポレオンの帝政が起き、さらには、君主制が、また戻ってきたりしました。イギリスでも、クロムウェルの「清教徒革命」がありましたが、国王を処刑《しょけい》するなど、あまりにも厳しすぎたために、また、「名誉《めいよ》革命」が起きて、国王が復活してきたりしました。

そのように、明治維新にも、新しい面と、やや昔戻りするような面があって、その折衷《せっちゅう》で、明治政府はやってきたと思います。

ただ、明治の精神を体現していた維新の志士たち、元勲《げんくん》たちが生きているうちは、まだ、いろいろな〝埋《う》まっていない部分〟についての解釈を、そうした明治の元老《げんろう》たちがやることによって、国家運営がうまくいっていたのですが、元老たちが、だいたい大正時代から昭和の初めぐらいまでに亡《な》くなっていきますと、新しい「国家の指針」というものが十分ではなくなりました。

そのため、第二次大戦においても、やはり、そうした指導者の力不足というものが露呈《ろてい》して、国民にも、多大な損害、被害《ひがい》を与えることになったと思います。

宗教系大学の現状から見る「幸福の科学大学」の必要性

今、世界の国を見渡《みわた》してみると、例外は一部あるにしても、やはり、宗教のない国というのは基本的にはなく、九十数パーセントの国は何らかの宗教を持っています。また、それが物事の考え方や学問の考え方にも浸透《しんとう》していると思います。

しかし、日本は、アメリカの考え方をまねていつつも、アメリカが持っている「キリスト教精神」は、日本の学問には十分には入っていません。日本のキリスト教は、戦争中に、共産主義などと同じように異端視《いたんし》され、弾圧《だんあつ》されていたこともあったため、戦後、復活した日本のキリスト教は、どちらかというと、左翼的な思想と非常に調和性が高く、「共産党」と「キリスト教」の言うことがあまり変わりません。共に弾圧を受けたので、「国家は悪だ」というような考え方はよく似ているのです。

そういうことで、キリスト教系の大学は日本にはたくさんありますが、先の大戦において受けた弾圧感から、それらの大学にも、戦後一時期、GHQが意図して流行らせた左翼運動と似たものが流れており、例えば、アメリカのような、キリスト教そのものに基づく教育と、全部が一緒にはなっていないわけです。キリスト教が何らかの〝反国家主義的な宗教〟として入っているので、キリスト教系の大学も、どちらかというと、反国家主義的な思想が裏には入っているものが多いのです。全部とは言いませんが、そうしたところはあるように思います。

一方、仏教系の大学もありますが、それらの大学も、やはり、仏教が二千五百年以上の歴史を流れてくるなかで、学問の形骸化《けいがいか》がそうとう進んできました。釈迦《しゃか》時代の「悟《さと》りを求めていた宗教」から、「悟りとは何かが分からない宗教」へと移ってきて、「この世において、目に見えるかたちで、ご利益《りやく》があればよい」というかたちの「ご利益競争」と「簡単な標語、スローガンに基づく教勢の拡大運動」になったのが、鎌倉《かまくら》時代以降の各宗派の流れだと思います。

例えば、「『南無阿弥陀仏《なむあみだぶつ》』と称《とな》えるだけで救われる」とか、「『南無妙法蓮華経《なむみょうほうれんげきょう》』と唱《とな》えるだけで救われる」とか、「ただ、坐禅《ざぜん》するだけでよいのだ」とかいうような宗派もありますが、「これらは、どれも、仏陀の基本精神には届いていない」と言わざるをえないでしょう。

その意味で、もう一段、新しい観点から、宗教的精神をも取り込みつつ、新時代の国家をつくり、あるいは、教育をつくり、人材をつくるための理念というものを、長期的に研究しながらつくり上げていく組織が要るのではないでしょうか。

そうした考え方から、私は、「幸福の科学大学」というものが必要であると思うのです。

「新しい学問」を輸出する先進的な機関でありたい

この大学については、もちろん、日本的な伝統も、外国のなかのよきものも取り入れていくつもりですし、宗教にありがちな、単なる科学否定型のものでもありません。科学的なものも受け入れていくつもりですし、さまざまな学問的なものも受け入れていくつもりではあります。

また、他宗教についても、もちろん、「さまざまな宗教のよいところは受け入れていく。長所に学んでいく」という考え方は持っています。幸福の科学という独自の宗教を背景には持っておりながらも、「他宗教のなかのよきものは、学び、吸収していく」という観点を持っているのです。

その意味で、私は、日本の思想として、今、新たに考え方を再構成して、日本発の新しい学問をつくり、それを世界に、逆に輸出していけるようなかたちにしたいわけです。

そのための先端的な機関、先進的な機関として、「幸福の科学大学」というものがあればよいと考えています。

その意味において、「従来型の大学と同じようなものをつくれ」という考えであれば、残念ながら、「多くの信者たちのお布施《ふせ》を集めて大学をつくる」というようなことが、必ずしも、方向において正しいとは言えないと思っています。

幸福の科学大学をつくる「目的」は信者獲得《かくとく》ではない

大学をつくるに当たっては、やはり、基本的に、「大学に入る、入らない」は国民各位の自由がありますので、別に何ら強制を伴うわけではありませんし、入ったからといって、信者獲得《かくとく》のために大学をつくっているわけでもありません。

むしろ、キリスト教系の大学などのほうが、信者獲得のために、そうした大学をつくろうとしている傾向《けいこう》が強いのではないかと思います。それらの大学の場合、本人に信仰があるかどうかは別として、信者子弟《してい》が、だいたい半分ぐらいいればよいほうでしょう。

その意味で、キリスト教系の大学の教授・准《じゅん》教授・講師陣《じん》等には、信者ではない人であってもなれます。そのような〝緩《ゆる》さ〟をつくることによって、大学が成り立っていっているわけです。

天理教《てんりきょう》的に言えば、「にをいがけ」というぐらいのものだと思います。「大学をくぐることによって、何となく、キリスト教的な精神の匂《にお》いがつく」というあたりでしょう。その程度のところで満足している部分があるのではないでしょうか。

国民の「知る権利」「学習する権利」を保障すべき

五百年もの、日本での伝道の歴史があるにもかかわらず、キリスト教系の信者は、日本の人口の一パーセントもいません。百万人もいないのです。内部の人の意見によれば、形式上、百万人ぐらいいることになってはいるものの、「キリスト教の全宗派を集めても、六十万人ぐらいしか、おそらくいないだろう」という意見もあります。

キリスト教系の大学の数が幾つあるか、正確には知りませんが、少なくとも、五校や十校ではないぐらいの数はあるだろうと思います。わずか六十万人ぐらいの信者のために、何校も大学を許可して、その信者が日本の一パーセントにも満たないということです。

それに比べれば、幸福の科学のほうが、もっともっと多くの日本人の心に、今、浸透して広がっている宗教ですので、そうした新しい信仰形態や教学に関心を持って、「学びたい」という国民がいて、その国民の「学びたい」という「学習する権利」、あるいは、「知りたい」という「知る権利」等に奉仕するべきものがないということであれば、それは残念なことであると思います。

また、人間には、学歴相応に学ぶべきことがありますし、いわゆる受験勉強によって、非常にすさんだ心、すさんだ家庭、あるいは、すさんだ社会が出来上がってきていることも事実です。

したがって、そうした日本のストレス社会や競争社会に、〝一服《いっぷく》の清涼《せいりょう》剤《ざい》〟のような清涼感を与え、〝一陣の涼風《りょうふう》〟を吹《ふ》かせる意味でも、やはり、お互《たが》いに相手を大事にし、愛し合い、助け合う理念を持った宗教的なバックボーンのある大学が必要なのではないでしょうか。

とにかく、国民の「知る権利」、あるいは、「信仰している者が、迫害《はくがい》されることなく学習する権利」というものを保障すべきだと思います。それらは国民の権利なのです。

新しい時代に合った、「宗教的な人」が学べる大学を

宗教心がある人でも、例えば、今述べたようなキリスト教系の大学、あるいは、駒澤《こまざわ》大学や立正《りっしょう》大学など、仏教系の古い宗派の大学で学ばなければいけないという場合、幸福の科学的な教え等に非常に共鳴《きょうめい》を持っている人々は、残念ながら、それらの大学へ行ったのでは、信仰があるといっても、その信仰の違いによって、やはり非常に居心地《いごこち》の悪いことになっていきます。

例えば、上智《じょうち》大学のようなキリスト教系の大学もありますが、その上智

大学でさえ、「学内伝道禁止」というような掲示板《けいじばん》が出ていると聞いています。上智大学は、カトリックのイエズス会系統だと思いますが、その信仰以外は認めないということでしょう。したがって、「大学のなかにおいて、信教の自由はない。基本的には、一つしか認めない」ということで、ほかの宗教の伝道はできないようになっているのです。

あるいは、慶応《けいおう》大学のようなところでも、創立者の福沢諭吉《ふくざわゆきち》が『福翁自《ふくおうじ》伝《でん》』のなかで、啓蒙《けいもう》時代に合わない宗教を、若干嘲笑《ちょうしょう》するような文章を書いている部分があります。

福沢諭吉は、お稲荷《いなり》様信仰みたいなものをバカにして、「お稲荷様の社《やしろ》のなかを開けてみたら、ご神体《しんたい》として入っていたのは石ころだった。それで、そのご神体の石ころを捨てて、代わりの石を拾って入れておき、そのままにしておいたけれど、何の祟《たた》りもなかった」というようなことを、自《じ》慢話《まんばなし》、武勇伝として書いていますが、そのようなものを学んだ学生は、おそらく、宗教を、「そうした石ころを拝《おが》んでいるようなものだ」と考える傾向が出ると思います。

同じく、新興宗教等をバカにするときに、「鰯《いわし》の頭も信心《しんじん》から」というような言葉で、「何でもかんでも拝ませたら、宗教は成り立つ」というような軽薄《けいはく》な意味で宗教を捉《とら》えている人も数多くいます。

ですから、宗教的精神の本格的なものと、〝がっぷり四つ〟に組みながら「学問の体系」をつくっていくということは、非常にベンチャー的なものも入っているとは思いますが、やはり、新機軸として必要なものではないかと思っています。

今、「新しい時代に合った、『宗教的寛容《かんよう》さを伴う宗教を信じる人』や『宗教的人格を持った人』を受け入れる大学教育ができる学校に対するニーズが、現実にある」ということです。やはり、これに応《こた》えるべき義務があるのではないかと考えています。

2 「心とは何か」に答え切る「幸福の科学教学」

B―― 大川総裁は、幸福の科学大学について、経典《きょうてん》『新しき大学の理念』（幸福の科学出版刊）では、「『新文明の発信基地』としての大学」と述べられており、また、「幸福の科学大学設立大成功祈願《きがん》」では、「全地球生命の母胎《ぼたい》」とも述べられています。

そこで、幸福の科学大学の「新文明創造における役割」について、お教えいただければと思います。

審議会《しんぎかい》から返ってきた意見にあった〝面白《おもしろ》いこと〟

大川隆法　これについては、多少、宗教との関係があるので、微妙《びみょう》なところはあるのですけれども、この度《たび》、大学設立を申請《しんせい》するに当たり、文部科学省に書類を提出し、大学設立に関する審議会《しんぎかい》等の議論を経《へ》て、二回ほど審査意見が返ってきているわけですが、それらを読むと、私たちから見れば、とても〝面白《おもしろ》いこと〟が書いてあったのです。

例えば、「『未来産業学部』という理科系の学部を構想しているけれども、幸福の科学大学のほうから出ている書類のなかには、『心』という言葉が、やたら使われている。しかし、『心』というものは、学問的には何なのか確定されないものだから、こういう言葉を、理系学部で使うべきでない」というように受け取れる内容が書いてあるということですが、私は、それだけで、「ああ、宗教系の大学を審査するには、そうとう難しい方々が審査しているのだな」ということを看取《かんしゅ》しました。

「物」を探究しても「心」は発見できない

「心とは何か」と言っていますが、はっきり述べるとすると、「物と対比されるもの」です。つまり、「心とは何か」というと、「『物ではない精神的な存在』として総称《そうしょう》され、特に個別的には、『人間の精神作用《さよう》』として定義されるもの」だと思います。

ですから、いわゆる、「唯物論《ゆいぶつろん》的な学問としての科学」を学問として学んでもよいのですが、それのみを探究し、それ以外の個人的な思想信条や人生観、哲学《てつがく》観、生活観において、「信仰《しんこう》」や「霊的《れいてき》な人生観」等を、まったく受け入れていない人の場合、「物」の探究だけをしているわけです。

工学部であれば、機械の機能だけを考えますし、化学部系統であれば、薬品の反応や変化など、そのようなものばかりを研究します。あるいは、医学部でもそうですが、人間を単なる機械と思い、ただ、機械をバラしたり、組み立てたり、補修したりするような、「自動車の整備工場」の役割を、病院が行《おこな》っている程度に思っているのです。

しかし、「物」を探究しても、「心」を発見することはできません。

ですから、「物の世界」「唯物論の世界」の世界観を持っている人、「学問の対象は唯物論の世界で、この世の目に見えて、触《さわ》れる世界だけがすべてだ」と思っている人から見れば、「心」というものは、脳の機能の一部、つまり、前頭葉《ぜんとうよう》や側頭葉《そくとうよう》、後頭葉《こうとうよう》の機能、あるいは、大脳の皮質のどこかの部分の機能であり、「そこに電気刺激《しげき》を与《あた》えたら、『こういうところが反応した』『こういう記憶《きおく》が甦《よみがえ》った』」などと言います。これは、一種の「人間ロボット説」ないし「人間サイボーグ説」のようなものだと思います。

このように、「脳の機能、あるいは、神経の機能としての心ならば理解ができる」「明らかに、データとして取れるようなものならば、心と言えるが、データとして取れない、測定できないものは心ではない」というような考え方をするのです。

さらに、感情についても、「アドレナリンなどの内分泌《ないぶんぴつ》が起き、体温が変化したり、血圧が変化したり、あるいは、心臓や脳の血流が変化したりなど、体にいろいろな反応が起きることによって、感情が起きてくる」という考え方で捉《とら》えていきます。

学問としても十分に成立している「世界宗教の教え」

「心の範囲《はんい》」をこのレベルで考えている人にとって、例えば、「仏陀《ぶっだ》の悟《さと》り」やキリスト教における「イエスの教え」というものは、まったく理解不能だろうと思いますし、「全部が、でたらめ」ということになるでしょう。

仏陀は、「出家《しゅっけ》して修行《しゅぎょう》すれば、悟りが開ける。そして涅槃《ねはん》に入《い》る」と言っていますけれども、これは、つまり、「肉体を去ったあとに、安《やす》らいだ世界に還《かえ》れる」という教えです。

「人間機械論的な意味における心」を探している人にとって、こういう仏教の教説は、「もともと、妄説《もうせつ》」ということになるであろうし、「原始時代の人間の考え」ということになります。

一方、キリスト教が述べている「復活の思想」は、どうでしょうか。

イエスは、十字架《じゅうじか》に架かりましたが、その後の復活があり、「人間は霊的な存在なのだ」ということを証明し、神の御許《みもと》に還っていきました。「人類を救済するために、天上界《てんじょうかい》からイエス・キリストがこの世に生まれ変わってきた。そして、三十三年間の人生を生き、最後の三年で激しい伝道をして十字架に架かり、天上界へ還ったが、肉体的には死んでも、魂《たましい》としては永遠に生き続けていて、人々を救済しようとしているのだ」というような考え方等も、物質科学的な観点から見ている者からすれば、すべて、エビデンスのないことです。何の証拠《しょうこ》もありません。

しかし、「それが学問として成立しないか」というと、そんなことはないのであって、学問として十分成立しています。

要するに、唯物論者は「物」だけを見て、「心」のほうが分からないので、「物のなかに、すべてがある」「社会は全部、物のなかだ」と思っているのです。

それは、まるで、「水玉宇宙」を見ているようなものであり、顕微鏡《けんびきょう》で、水玉のなかに棲《す》んでいる小さな微生物など、いろいろなものを見て、「これが世界だ」と言っている人たちのような見方です。

一方、「心の世界」を見ている人は、顕微鏡で見ている以外の世界が見えています。逆に言えば、「望遠鏡で、宇宙の彼方《かなた》を見ている」ということかもしれませんけれども、そういう世界を知らない人たちがいるということです。

いずれにせよ、「物」に対置するものとして、「心」というものがあります。

唯物論《ゆいぶつろん》に対抗《たいこう》するものとして現れた「深層心理」

「心についての定義ができない」、あるいは、「分からない」という人は、だいたい唯物論者《ゆいぶつろん》だと見てよいと思うのですが、宗教や、ほかの精神的な哲学や心理学の一部など、そういうものを研究した人は、基本的に「それだけではない」ということが分かっているのです。

例えば、心理学のなかでも、ユング心理学やフロイトの心理学には、「深層心理学」というものがあります。要するに、「人間には、深層心理という表面に出ている意識の部分以外の深い部分がある。その深層心理という普段《ふだん》は眠《ねむ》っている意識が、実は、人間の傾向性《けいこう》に非常に大きな影響《えいきょう》を与え、人生のドラマをつくり、運命をつくっていく大きな原因になっているのだ」というものです。

深層心理を探《さぐ》ることによって、その人の人生に現れた、いろいろな挫折《ざせつ》や葛藤《かっとう》、不安などについて、「それが何であるか」ということを明らかにすることで、そうした諸問題を解決し、人生を好転させることができたり、職場に復帰させたりすることができるようになります。

そういうことを、心理学的アプローチでも行《おこな》っており、今の学問の領域として成り立っている心理学のなかで、先ほど述べたような、脳の反応や神経の反応だけではない、「表面に出ている意識ではない部分である深層心理というものがある」ということは、ある程度、確立し、認められていると言えます。

ただ、その内容についての定義は、まだ十分ではありません。本当は、宗教のほうに委《ゆだ》ねないかぎり、無理な部分があるのですが、ある程度は認められています。そして、「深層心理を発見した」ということが、二十世紀における一つの発明です。

十九世紀の末《まつ》からと言ってもよいのですが、マルクス、エンゲルスの「唯物論」も一つの発明だったのかもしれないけれども、同時に、フロイト、ユング系統からは、「深層心理」というものが、それに対抗《たいこう》する、〝逆のもの〟として出てきているのだということです。

「心」が分からなければ人文科学なども成立しない

「物と対比するものは心である」ということを述べました。「では、心とは、いったい何なのか」ということですけれども、もちろん、「心」には多義性があります。

「物だけでは表せないものがあるのだ」ということが分かるように、もう少し分かりやすい一般《いっぱん》的な例を挙げてみましょう。

例えば、「京都千年の心」という言葉を、物質科学的に解明してみてください。「『京都千年の心』とは、どういうことですか」と訊《き》かれたら、どう答えるでしょうか。

「ここに五重塔《ごじゅうのとう》があります」「ここに天龍寺《てんりゅうじ》があります」「ここに八坂《やさか》神社があります」と、そういう建物などを引っ張り出してきて、「そういうものの印象が、『京都千年の心』でしょうか」というような答えぐらいしか返ってこないだろうと思うのです。

しかし、「京都千年の心」という言い方をする場合、そこには、もっともっと深い意味が、いろいろ入っているでしょう。そのなかには、歴史に刻まれている、いろいろな「日本人の思い」が入っていると思うのです。

このようなかたちで、「心」というものは、「物」だけでは表せない精神作用や人々の情念《じょうねん》の総称としても使われます。

あるいは、昔から言われているもので言えば、「大和心《やまとごころ》」という言葉もあるでしょう。

「大和心」というものは、唯物論的には、まったく解明不能です。そういうものを、唯物論的に解明することは不可能で、「大和心とは、何ですか」と訊かれても、さっぱり分からないと思います。

大和心を知ろうとすれば、それは、日本人の歴史に学び、そして、歴史のなかで、思想を紡《つむ》いできたり、あるいは、宗教を説いてきたりした、そうした精神的な先駆者《せんくしゃ》たち、偉人《いじん》たちの心に学んでいかねばならないだろうと思うのです。そうしなければ、「大和の心」というものは分かりませんし、「まほろばの心」などと言われても、やはり、分からないでしょう。

これが「分からない」ということは、「唯物論的な見解には限界がある」ということであり、それを認めなければいけないと思うのです。

唯物論的な見解だけで言えば、基本的に、いわゆる、大学における学問においても、「人文科学なるものは成立しないのだ」と考えていただいてよいのではないかと考えます。

「人文科学」とは、人間のつくってきた文化についての科学的アプローチ、研究的アプローチのことを総称するものだと思いますけれども、そのような人文科学も成立しないし、全部とは言いませんが、やはり、「社会科学」の一部も成立しないものがあります。

結局、「物中心でしか物事を考えられない。分析《ぶんせき》的にしか考えられない」という思考は、抽象《ちゅうしょう》的な観念を理解することができません。しかし、近代政治の原理であっても、基本的に抽象的なものです。

具体的には、国会という建物がありますけれども、そこで行われている政治の原理、例えば、「三権分立」や「多数決」、「憲法が法律に優先する」

など、こういうものに関しては、やはり、そうは言っても、観念的で、思弁的なものが、そうとう入っています。

そのため、抽象的な思考を理解することができない者は、「社会科学」であっても、「法律学」や「政治学」、「経済学」などについても、理解することは、基本的にはできないはずです。

経済学のなかにある「思い込《こ》み」とは何か

さらに、経済学においても、いかにも科学として、「定量分析」ができるように言うことは多いのですけれども、たいていの場合、「経済的人間、あるいは、経済学的人間というものがいるとして、こういう場合には、どう行動するか」というようなことが仮定されているのです。

要するに、「経済的人間は、損得で物事を判断して、合理的に行動する」ということであり、ミクロ経済学も、それで成り立っているし、マクロ経済学においては、「その個人の集合である全体は、こういう状況《じょうきょう》においては、合理的に、このように動くであろう」というような分析がなされています。

ただ、これは宗教の側から見れば、「経済学そのもののなかにも、ある意味での〝信仰心〟がそうとう入っている」ということは言わざるをえません。そうとうな、ドグマ（教条）や断定、思い込《こ》みが、かなりあるのです。必ずしも、「ホモ・エコノミクス（経済学的人間）」のような人間がいるわけではありません。また、人間は、経済学的でない動き方を、けっこうするのです。

例えば、日本は、貯蓄率《ちょちく》がとても高く、民間には、一千五百兆円ものお金があります。政府の借金は一千兆円ぐらいで、民間のほうが、まだ五百兆円ぐらい多くの預貯金、債券《さいけん》等を持っているため、国家を「国民の集合体」として見ると、日本は国家全体として、五百兆円ぐらいの黒字です。

そのため、国が潰《つぶ》れることは、基本的にはありません。

潰れるのは、組織体としての政府であり、赤字になって統廃合《とうはいごう》されるということはありえますが、日本の国が潰れることは、基本的にはありえないことです。

では、政府が、その国家財政としての一千兆円の赤字をなくそうとしたら、どうするでしょうか。

民間が持っている一千五百兆円の資金をできるだけ使わせ、消費景気を起こせたら、経済は発展します。そして、企業《きぎょう》が儲《もう》かれば所得も増え、税収も増えるのです。要するに、「税収が増えれば、収入が増えて、借金が返せる」ということで、政府の財政も圧縮することができるようになります。

政府は、そのように考え、そういう音頭《おんど》を取りながら、消費税の増税も法律で通し、上げていこうとするわけです。また、「国民がたくさん消費し、物を買ってくれて、さらに、税率が上がる」というように〝掛《か》け算〟をすれば、もちろん、政府の税収は増えます。

みんなが、一生懸命《いっしょうけんめい》、物を買ってくれて、さらには、税率が五パーセントから八パーセント、八パーセントから十パーセント、十パーセントから十六パーセントと上がっていけば、税収が増えるはずですが、〝経済学的人間〟は、不思議なことに、直感で動くところが多いのです。

政府の側は、「政府の財政赤字が減って借金が減れば、国に対する信用が高まり、外国からの信用も高まるので、外国からの投資も呼び込むことができるし、国としても、国債の健全性がＰＲできて、国際機関からの格付けも上がるだろう。よいことばかりだ」というように考えるわけですけれども、現実には、直感力を伴《ともな》う〝経済学的人間〟としての個々人や各家庭は、消費税が上がると、財布《さいふ》のひもを締《し》めてくるのです。

要するに、「税金を余分に払《はら》うぐらいだったら、物を買わなくなってくる」ということになり、逆に、政府の増収にならないわけです。

何とか個人の資金を使わせようと思っているのですが、していることは逆で、みなのお金を使わせないような方向、「質素倹約《しっそけんやく》しないと将来が危《あぶ》ない」と思わせるような方向に動いているようには見えます。

そういう意味で、「学問的なものとしては、なかなかそう簡単には、理論でつくったもののとおりに人が動くわけではない」ということです。

どの学問も「心」を無視して成り立つことはない

また、マルクスの『資本論』的な考えによれば、「自由競争をして資本の獲得《かくとく》をし、資本家ができると、強い者と弱い者ができる。すると、強い者だけが一人勝ちして、弱い者が支配されるような社会ができていくが、やがて、大恐慌《だいきょうこう》が起きて資本主義は崩壊《ほうかい》する」というようなことが考えられています。一九二九年の世界恐慌等では、まさしく、そういう現象が起きたかのように見えたので、「当たったたか」と思ったようなところもあったかもしれません。

最近では、二〇〇八年に「リーマン・ショック」等がありました。

ノーベル賞を取ったような人が、数式に基《もと》づいて組み立てたアメリカの金融《きんゆう》の新商品、いわゆる「借金があっても、それをバラバラにして、いろいろなものと組み合わせたら、どこの誰《だれ》の借金か分からないようになる」というようなものを売りさばき、そのうちに雲散霧消《うんさんむしょう》して分からなくなるようなかたちでしていたのですが、やはり、結局は、「借金は借金であって、資金が豊かになったわけではない」ということです。

ですから、日本で言うところの、いわゆる、証券・銀行の「飛ばし」行《こう》為《い》に当たるようなことを、もっと理論的に数学的にし、分からないように複雑に商品を組み立てていたところが、大崩壊を起こしたわけです。ノーベル経済学賞学者が三人もかかわっていたと言われていますから、ノーベル賞も形《かた》なしですが、理論破綻《はたん》していきました。

「やはり、実体経済が伴わない理論上だけのお金の膨《ふく》らましは、成功しないものだ」ということを経験したのです。

ただ、それでも、世界が終わりになったわけではありません。いったんリセッション（景気後退）は起きますが、もう一度やり直せば、戻《もど》ってくることがあるのです。

このように、経済学においてもそうですし、法学、政治学、社会学においてもそうですが、「何らかの精神作用や人間の心の働きというものも見なければ、やはり、学問としては、社会科学さえ成り立たない。人文科学、社会科学とも、『心』というものをまったく無視しては成り立たないものだ」ということを知ったほうがよいでしょう。

「心の定義がないから、心がない」というわけにはいきません。禅問答《ぜんもんどう》のようですが、「心の定義がなければ、心がない」というようなことは成り立たないわけです。

「道徳レベルの心」とは「善悪を分ける智慧《ちえ》を含《ふく》むもの」

では、結局、「心」とは何でしょうか。

これについては、もはや最後には、宗教に訊《き》くしかないわけですが、

「人間には心がある」ということは、いくら学問的に否定しようとも、世界万国《ばんこく》共通に、みなが、ある程度受け入れていることです。

また、原始的に、宗教の〝簡単な、簡単な〟議論から言えば、人間の心とは、「善悪を分ける智慧《ちえ》を含《ふく》むもの」でしょう。

「この世で、やっていいことと悪いこと、前に進めてよいことと進むべきではないことなどを理解する。それから、年相応に判断していく」など、まずは「善悪を分けるという判断をする精神作用が心だ」と言ってもよいと思います。

これは、いわゆる、「道徳のレベル」で言っている心の存在です。

「宗教レベル」では、「魂《たましい》」という精神的エネルギーが前提

では、さらに、「宗教のレベル」まで上がっていくと、どういうことになるでしょうか。

やはり、宗教では、当然ながら、「魂《たましい》の存在」というものを認めます。「魂」というのは、一般的には、肉体を持った人体とほぼ同じような形をし、このなかにすっぽりと入っている、人体様《じんたいよう》の「エーテル体」のようなものと言ってもよいかもしれません。そういう霊的エネルギー、精神的エネルギー、エネルギー体が肉体に宿《やど》っているわけです。

生きている人間が死体になったら、まったく動かなくなります。肉体的にはまったく同じなのですが、生と死が分かれるのです。なぜ、生と死が分かれるかというと、やはり、その人の活動エネルギーの主体が存在しなくなっているからであり、「活動エネルギーの主体が存在しなくなっている」ということは、「何かが抜《ぬ》けた」ということです。

これは、機械でいえば「電池が切れた」などということになるかもしれませんし、自動車でいえば「ガソリンがなくなった」ということかもしれませんが、少なくとも、人間が生命活動を行《おこな》っていく上での「エネルギー源」である何かが消えたわけです。

しかし、生命活動を維持《いじ》するために出てくるエネルギー源というのは、普通は食料です。水を飲み、食料を食べれば、人間は、動物体、つまり、動物のような体を持っているものとしては生き続けることができるはずなのですが、いったん死んだ状態、死体になった場合には、食物を与えても、水を与えても動きません。点滴《てんてき》を打っても動きません。

これを、「脳の機能が停止した」とだけ考えるのが、現代の医学の流れではあるわけですが、そうではないことを証明するために、私は、ここ五年ほどで、二百七十冊以上もの「霊言集《れいげんしゅう》」を刊行しています。

霊言集に出てくる霊人《れいじん》は、肉体が焼かれてなくなった人ですから、もちろん、当然ながら、頭蓋骨《ずがいこつ》もなければ脳みそもない、要するに、脳の部分がないわけです。前頭葉もなければ側頭葉もありません。

「脳の左側では計算や言語を司《つかさど》る」とか「右側ではイメージを司る」とか「前頭葉で深い考え方を持つ」など、いろいろと分析されて、言われてはいますが、要するに、「人間として脳がなかったら、何も考えられない」と、医学的には思われているのです。

しかし、実際は、「焼かれて何もなくなっても、死んだあとの人には個性というものが残っていて、考える力がある」ということを証明するのが、一連の「霊言集」の機能であるわけです。

ある意味での「科学的証明」になっている「霊言集《れいげんしゅう》」

これは、ある意味での「科学的証明」をしていると思っています。

過去、数多くの宗教が、「あの世の存在」や「霊魂《れいこん》の存在」、あるいは、「霊的存在が人間である」ということを教えていますが、実際上、繰《く》り返し実験して、それが「ある」ということを証明するのは、そうとう難しいことであったのは事実です。

ですから、「信じるか、信じないか」ということが、ただ、「教祖が教えていることを信じるか」、あるいは「哲学者が教えていることを信じるかどうか」という〝踏《ふ》み絵〟であったものを、かつて肉体を持ち、個性を持ったいろいろな方々の霊をお呼びし、「霊言集《れいげんしゅう》」として出すことで、今、繰り返し〝実験〟ができています。そして、「それぞれの個性としての違《ちが》った考え方がある」「肉体がなく、頭脳がなくても、霊界《れいかい》での体験は別にして、生前とほぼ似たような、その人独特の考え方を出すことができる」ということが分かっているのです。

例えば、松下幸之助《まつしたこうのすけ》の霊を呼べば、やはり、松下幸之助が経営的に考えていたような、「経営の神様」としての考えが出てきますし、あるいは、仏教の僧侶《そうりょ》をしていた人を呼べば、その僧侶の考えに近いものが出てきます。

そのように、昔の人から最近の人まで、いろいろなジャンルにわたる人々の霊を何百人もお呼びし、本を出し続けることで、今、全国紙でも広告が載《の》るぐらいには認知されてきているわけです。

全国紙に「霊言集《れいげんしゅう》」の全面広告が載《の》ることの意味

話をしている今日、二〇一四年八月十四日は、偶然《ぐうぜん》にも終戦記念日の一日前ですが、今朝の産経新聞を見ると、当会の「霊言集《れいげんしゅう》」が全面広告で大きく出ていて、そのなかには、アイリス・チャンの霊言『天に誓《ちか》って「南京大虐殺《ナンキンだいぎゃくさつ》」はあったのか』（幸福の科学出版刊）も載《の》っていました（翌八月十五日には読売新聞にも全面広告が出た)。

アイリス・チャンは、一九九七年に、『ザ・レイプ・オブ・南京《ナンキン》』という本を出しています。これは、「先の大戦では、日本軍が、南京で三十万人前後の大虐殺を行い、さらには、セックス・スレイブとも言うべき従軍《じゅうぐん》慰安婦《いあんふ》を、朝鮮《ちょうせん》半島や、それ以外のところから強制的に軍部が徴用《ちょうよう》し、連れていって奴隷《どれい》化したという非人道的行為があったのだ」というようなことが書かれている本です。アメリカで五十万部ぐらい売れて、ベストセラーになったということで、アメリカ人の一部は、それで毒されていますし、中国や韓国《かんこく》の「反日キャンペーン」にも、ものすごく使われました。

一方で、「そういう事件はなかったのではないか」という証拠を、各紙はいろいろなところでつかんでいたのですが、やはり、アイリス・チャンの霊言でも、「天に誓って『南京大虐殺』はあったのか」というようなことを問いました。それが本の題となって、全国紙に全面広告で載っているのです。

つまり、今は、「これを載せても、妄想や虚言《きょげん》、詐欺《さぎ》などと思われないだけの社会的信用がある」ということです。

アイリス・チャンは、今から十年ほど前に亡《な》くなっているのですが、この人が霊として出てきて、霊言を行《おこな》ったところ、「私の本については間違いが数多くあった。事実認定に間違いがあった。中国やアメリカ側の、いろいろな組織からの情報をつかまされて書かされたものであった。私は自殺したのではなくて、暗殺された」というようなことを言っていたのです。新聞の全面広告には、こうしたことに対して賛同する識者《しきしゃ》の声も載っていました。

したがって、「こういうものが認められてきつつある」ということです。

今、私は、霊的存在を証明しようとしていますが、ここまで量が出てきますと、やはり、一種の学問的研究の対象には、十分になります。宗教学としても、例えば、「霊言集が二百七十冊以上も出ている」というのであれば、十分、学問的対象として研究するに値《あたい》するものだと思うのです。

「量」によって研究の対象となっていった各宗教

かつても、そういうものが出たことがあります。

例えば、カントの同時代人で、スウェーデン出身のスウェーデンボルグという人がいます。彼は、霊視《れいし》や体外離脱《りだつ》、幽体《ゆうたい》離脱ができ、天国と地獄《じごく》を見てきたということで、天界《てんかい》や地獄についての膨大《ぼうだい》な著書を書き、全集が出ています。

このスウェーデンボルグ教会からも、一つの宗教、宗派ができているわけですが、あの有名な三重苦のヘレン・ケラーは、実は、この、いちおうはキリスト教の一派と分類されているスウェーデンボルグの教えた宗教に〝帰依《きえ》〟していました。

そういう方もいらっしゃるわけですから、やはり、「一定の量になれば、当然、研究の対象にはなってくる」ということです。

また、私としては信憑《しんぴょう》性に対して自信を持っていないのですが、最近の方であれば、インドでサティア・サイババという方が最近まで生きていて、いろいろな〝奇跡《きせき》〟を起こしていました。病気を治したり、いろいろな〝奇跡〟を起こしたりするということで、それ以外にも、学校や病院、大学まで建てたりしていたと思いますが、インドの切手にまでなったりしていました。

宗教教団としては三十万人ぐらいの教団であったようですが、全世界からインドに訪問する人は多く、集まったお布施《ふせ》から、病院や学校など、いろいろなものをつくっていたのだと思います。

このように、宗教では、そうした現代人であっても、切手になったり、病院や学校、大学をつくったりするようなことはありえるわけです。

あるいは、一八〇〇年代のアメリカで、異端《いたん》として迫害《はくがい》されていた教えの一つとして、「モルモン教」というものがあります。

これは、ニューヨークから発祥《はっしょう》した宗教ですが、弾圧《だんあつ》を受けて、モーセの「出《しゅつ》エジプト」をまねし、ロッキー山脈を越《こ》え、ユタ州ソルトレイクシティまでたどり着いたあと、そこにモルモン教の街をつくり、その辺りに教徒が住みついています。最近では、モルモン教徒である人が、アメリカで、共和党の大統領候補として出てくることもあって、一定の社会的な地位を得ています。

さらに、ユタ州には、二代目教祖ヤングがつくった、「ブリガムヤング大学」という大学まで持っていますし、そうした新宗教の大学を卒業した人が日本に来て、ＮＨＫの英会話講座に出演しています。

ですから、実に、寛容《かんよう》と言えば寛容です。また、モルモン教の宣教師たちは日本語が流暢《りゅうちょう》なので、いろいろなテレビ番組、娯楽《ごらく》番組に出て話をしたりして伝道しています。

このように、新宗教でも、そういうことをしているところもあるのです。

宗教では「信じる人が増えること」が実証の代わりになる

宗教において、魂の存在とあの世の存在を証明するのは、そうとう大変なことで、「証明」というのが、現実に〝実験的なかたち〟ではできないでいたのは事実です。結局、「神の言葉なり、あるいは預言者の言葉なりを信じる人を増やしていく過程で、民主主義的な意味においての、社会的存在として認められる行為」が、宗教の伝道活動であるわけです。

それを信じる人が多くなってきたら、一定の「社会的地位」と「勢力」が認定されて、国民の一つの考え方、信条や意見、思想と捉えることができるでしょう。

こういう考えが出てくるから、みな、伝道を熱心にするのです。

それで、信者数が数十万人とか数百万人とかになってくると、一定の社会勢力になったり、政治活動をしたりするようになりますし、信者数が億の単位にまでなってくると、世界宗教化していくことができるわけです。

要するに、直接的には証明できないために、「『信じなさい』ということで、信じる人を一定数集めたら、署名運動、あるいは、国民投票と同じようなもので、効果が出てくる」ということで、証明の代わりにしているのです。

開祖、あるいは教祖が言っていることを信じる人が、社会的に一定数いたら、認めざるをえません。

例えば、それこそ南京大虐殺と同じくらいの数字になりますけれども、三十万人もの信者がいたら、「その人たちはみんな狂《くる》ってしまったから虐殺するか」といったら、そういうことは許されないでしょう。

三十万人という、一つの大きな市ができるぐらいの人口の信者がいたら、そういう見解があるということを認めざるをえず、彼らが信じているものが「実体化」してくるわけです。神様の教えというものが「実体化」してきます。

宗教は、そのように証明をしています。

「霊界《れいかい》と魂《たましい》の秘密」を探究している幸福の科学

当会の場合は、信仰行為としての伝道で信者を増やすということをしたり、出版物もたくさん出したりしていますが、それに加えて、同時に「霊《れい》界《かい》についての探究」もしています。

『太陽の法』『黄金の法』『永遠の法』(いずれも幸福の科学出版刊)という基本法三部作のなかにも詳《くわ》しく書いてあるように、世界各地に生まれたいろいろな宗教や哲学、根源的な思想は、神様や仏様から分かれてきたものです。それがどう分かれてきたのかということや、思想にも高下《こうげ》の差や横のバラエティもあるということを分けて書いてあり、霊界についての探究もしています。

もちろん、これを「信じるか、信じないか」だけの問題と捉えることも可能で、先ほど述べた、「物だけの世界しか見えていない人」にとっては、まったく届かないものではあるでしょう。

しかし、理科系統の科学者や技術者、学者であっても、これを「理論的な整合性」があると認めて、信じる信仰者は数多くいます。

ですから、当会のなかにも理科系統の信者はそうといますし、大学の教授や医者にも信者は数多くいるのです。決して、彼らが〝狂って〟いるわけではなくて、この世的にも立派に成功されています。さらに、それ以外の各界で、業務上も成功されている方や、事業上の経営者としても成功されている方は数多くいて、そういう意味での「真理の実証」も行われています。

要するに、私は、「人間の本質は霊であり、霊魂《れいこん》というものがあって、人体に宿っている間や死後間《ま》もなくは、人体様《じんたいよう》の自己認識でもって、霊体《れいたい》として存在している。しかし、時間がたてば、人体様の体だけではない、『思考するエネルギー体としての自己』というものを認識するようになる。この思考するエネルギー体を『霊』と呼んでいるわけで、この霊体の中心部分が『心』と呼ばれるものだ」というふうに説明しています。

日本神道《しんとう》に見られる「魂《たましい》」の説明

そして、その「心」のなかにはいろいろな部分があり、人間の感情に変化があるように、心にも「多重構造」があるらしいということは、さまざまな研究からいろいろな宗教で言われています。

例えば、日本神道《しんとう》でも、魂《たましい》を単に一種類のものと見ているわけではなく、「人間が何重かの構造になっている」という考えが出されています。

例えば、「幸魂《さきみたま》」という幸福な魂があります。人間の幸福感を体現している魂です。

あるいは、「荒魂《あらみたま》」という荒ぶる神様のような、罰《ばち》を与えたり、荒々しい戦《いくさ》をしたりするようなときに出てくる、猛々《たけだけ》しい魂の面もあります。

また、「和魂《にぎみたま》」という、天照大神《あまてらすおおみかみ》様のような調和を中心とした和の精神もあります。茶の湯や生け花など、日本の伝統的な和の精神、大和の和、和の心を表す和魂というものもあるのです。

さらに、「奇魂《くしみたま》」は、「奇妙な」「奇《き》っ怪《かい》な」の「奇」という字を書きますが、不思議な感じの面を表しているのでしょう。

日本神道では「人間の魂には変化身《へんげしん》がある」という教えが出てきます。これは幸福の科学でも霊的に探究しましたし、プラトンの哲学にも書いてありますが、動物はそれぞれ魂を持っているけれども、それは何らかの精神を象徴しているということです。

例えば、ライオンは「勇気」を象徴しています。また、蛇《へび》は「残忍《ざんにん》さ」や「狡猾《こうかつ》さ」を、鳩《はと》というのは「平和」、白鳥は「穢《けが》れなき魂」を象徴しているわけです。

そのように、動物にはそれぞれの魂の刻印《こくいん》があるということを、プラトンも語っています。

つまり、人間の魂も、どういう動物に魂の傾向がいちばん近いかということはあるわけで、虎《とら》やライオン、蛇に近いもの、詐欺罪などの犯罪などの人を騙《だま》したりする傾向なら、狐《きつね》や狸《たぬき》に近い魂もあるでしょう。

要するに、奇魂《くしみたま》のなかには、「変化身として動物に変身するとしたら、どう見えるか」という魂の見え方があるのです。これは、過去に霊能者《れいのうしゃ》であった方が見た姿であると思います。

あるいは、神近きものの存在であっても、それなりの神通力《じんつうりき》を持った姿を表します。

例えば、京都を護《まも》っている四方《しほう》の神々などはそうでしょう。青龍《せいりゅう》や白虎《びゃっこ》など、そういう変化身《へんげしん》の龍や虎になったり、いろいろなかたちで日本の首都を護っているという、風水《ふうすい》的、道教的な考え方もあるのです。

そのような、神様としての変化身もあれば、普通の動物レベルの変化身もあり、こういう奇魂《くしみたま》があるという考え方が日本神道の歴史のなかには出てきます。

幸福の科学では「魂《たましい》」をどのような存在と捉《とら》えているか

当会で調べても、人間の過去世《かこぜ》の魂《たましい》は、個人の名前を持って生きていたときの個性で存在していますが、これが魂の全体ではありません。

つまり、正月の「鏡餅《かがみもち》」のような、大きなエネルギー体としての人間の魂があり、そこから食べられるレベルでの「あんこ餅」などをつくっていくように、人間に入るくらいの分身をつくって、地上に生まれて個性を持つのです。

このときに、男や女に生まれることによって、性別の特徴、あるいは、この世での職業の訓練による考え方を身につけます。男性意識、女性意識というのは、この世で魂が肉体修行をした経験によるもので、あの世でもそういう意識を持つのです。

ただ、魂のなかには、ほぼ全員が男性というものもあれば、女性だけを経験しているもの、男性と女性が混合しているものもあるということが分かっています。

これが、外見が女性でも中身が男性的に凜々《りり》しくて頼《たの》もしく、男性的な仕事ができるような女性がいたり、外見は男性なのに中身は女性っぽくて〝草食系〟と言われる男性がいたりする理由でもあるわけです。

いずれにせよ、この地上に生まれてくる理由は、そうした正月の大きな餅のようなものから一部がつかみ出されて人体に入ることで、「個性」を得るためです。個性を得るという目的のために何十年かの人生修行があり、生まれ変わって次の人生を経験するまでは、その個性は霊界でも続いています。

幸福の科学の「魂《たましい》のきょうだい」理論を説明する

先ほど述べたように、正月の鏡餅のような、大きな霊体の一部が、ある程度の大きさのものとして、六個なら六個というふうに出ているわけです。

「普通の人は、だいたい六体ぐらいの魂《たましい》でできているのではないか」と言われています。

ここが、この世の三次元においては、いちばん認識しづらいところで、「その六体はバラバラで別のものであり、個性としてはそれぞれ経験するのだけれども、全体としては一体のものだ」という考え方です。

例えば、化学式で結合式をつくるときにいろいろな元素が結びついて、ある物質ができてくるように、魂が出来上がるのに幾《いく》つかの要素がくっついて、一つのものができていると考えてもよいだろうと思います。

別のたとえをこの世的に述べるとすれば、小川に掛かる水車のようなものです。

「魂全体」は水車全体ですけれども、水車の一部が小川のなかをぐっていくときに、くぐった部分が水を吸い上げて上に運び、また落としていくと思います。この小川に入っている部分が「この世の魂」です。水車の一部分は小川に入っていますが、全部は入っていません。ただ、全部が水から出ているわけでもなく、一部は必ず入っているわけです。

このように、水車の一部が水のなかに入り、川の流れが上から下へ流れることによって水車が回転させられていくので、まるで生きているように見えます。

つまり、水のなかがこの世、三次元といわれる現象界で、水に入っていない上の部分が、実在界といわれる天上界です。

そういうことで、水車に細かく分かれ目があるのが分かると思います。

それではなぜ、水車は一部を水につけて回転しているのでしょうか。なぜ、生命を持っているかのごとく、生きながらえているのかというと、その回転する力、モーメントをほかのものに伝えて、例えば、挽《ひ》き臼《うす》の小麦を挽《ひ》く力に換《か》えたりしているのです。石臼ですり潰《つぶ》していくモーメントになって、川の水のエネルギーを小麦や大豆《だいず》などを挽き潰すエネルギーに換え、人力を使わずして粉をつくっていきます。製粉《せいふん》という作業、そういう仕事をなすということです。

これが、人生の一つのたとえです。

そのように、人間の本体は「魂」であって、大きな意味では、霊魂、霊体の一部が人体様《じんたいよう》の姿を持った魂としてあるのですが、それは全量ではなくて「幾つかの部分」を持っているものです。

そして、この世に出ていない、天上界に残っている魂のことを「潜在意《せんざい》識」と言っています。

例えば、心理学では、「表面意識で考えていないのに、潜在意識で違うことをしてしまったりする」ということがあります。これは、天上界に残された魂の影響が現れるのだと言えるでしょう。

このように、「心」というのが魂の中心にはあるのです。

そして、実際には、魂はそれぞれのグループとして存在していて、普通の人間であれば、魂の構造としては六人ぐらいの個性体で成り立っています。

高次元霊《れい》は「分光《ぶんこう》」によって人体様《じんたいよう》の魂《たましい》をつくる

ただ、私たちの言葉で言えば、三次元から四次元、四次元から五次元、六次元、七次元、八次元、九次元というように上の次元に上がっていくと魂《たましい》のエネルギー総量が大きくなってくるのです。

要するに、神様といわれる存在に近づいていくわけなので、エネルギー総量が大きくなっていくと、先ほど述べた水車のたとえで表されるようなものではなくなります。正月の鏡餅のような大きさで言えるようなものではなく、もっともっと大きなエネルギーになるのです。

つまり、人類を救済するようなエネルギーで、そうした大きな魂、力を持った太古の魂になってきますと、単なる「本体《ほんたい》・分身《ぶんしん》」の生まれ変わりの転生輪廻《てんしょうりんね》ではなくて、大きな魂の一部が分光《ぶんこう》してくるというかたちになってきます。

例えば、大きな霊体《れいたい》の一部が分光してきた部分が、先ほどの「鏡餅の部分」に当たり、そこからまた「小さなお餅」をつくり出していけるようになります。これが上位にある魂存在の形態であるわけです。

要は、上に行くとだんだん形のないエネルギー体そのものになってきて、「エネルギー体の総量がどのくらい大きいか」ということになります。

これが霊界の構造です。

「心」とは〝魂《たましい》の舵取《かじと》り〟をしている中心部分

したがって、定義としては、「大きな霊体構造、思考するエネルギー体としての霊体のなかに人体様《じんたいよう》の魂《たましい》が存在し、中心部分で魂の〝舵取《かじと》り〟をしているのが人間の心」ということになります。

ただ、心は脳の機能と同じものではなく、「脳」というものは、あくまでもコンピュータの機能の部分であり、「心」がこの世の体を通じていろいろな作業をさせるために使っているだけです。

例えば、脳が破壊されれば、「思考力がなくなる」「こういう作業ができなくなる」「計算ができなくなる」「しゃべれなくなる」など、いろいろなことがあります。

しかし、それは脳が心だからではなくて、心の機能を伝えようにも、その機能が故障して〝回路〟が動かないために起きている〝故障現象〟であるわけです。

それについての〝修復〟という意味での医学現象はありえますが、それだけでは十分ではなく、たとえ体が傷ついたり、頭脳が傷ついたりしても、心そのものは健全だということを、私は述べています。

例えば、幸福の科学では「ユー・アー・エンゼル！」運動という障害児支援《しえん》活動もしています（巻末参照）。

たとえ、外見上に表れているのは障害児で、普通の健常の子供とは違う姿でも、その人の魂は健全であり、心は正常です。正常な人と同じような動き方ができないだけで、魂では聞こえているということです。

それはちょうど、理解が進む前のヘレン・ケラーのようなものでしょう。ヘレン・ケラーが暴《あば》れていたことだけを見れば、ただの狂った子供のように見えたかもしれません。

ただ、「言語が分からない」「物事を知りたい」という自分の本能が満たされないために暴れているのだということが、サリバン先生には分かったので、物事を教えてあげました。

例えば、冷たい水に手をつけさせて、「Water《ウォーター》」という字を教えて、「これが水だ」ということを本人に理解させると、本人の魂、心が納得《なっとく》するようになってきます。

そうして、「知る」ということが満たされていくと、だんだん知性的な人間になって判断ができ、冷静なことを考えられる人間になっていきました。それが満たされないうちは暴れていたけれども、機能に問題があったわけではなくて、魂としては健全だったということです。

そういう意味で、健全な人間というのは、魂と肉体の両方が見事に連結して動くという、奇跡的なことではあります。

仏教的解釈《かいしゃく》による「心」とは

もちろん、仏教的に述べると、心の分析はさらに細かい話になります。

一般的に、この世における医学や生物学、生理学の学者は、感覚器官による認識を中心に物事を考えていると思うのです。

一方、仏教ではそれを「色《しき》・受《じゅ》・想《そう》・行《ぎょう》・識《しき》」といって、感覚器官である五官《ごかん》を通じて、この世のいろいろなものを認識するという、認識力については認めています。

ただ、それはあくまでも肉体を通じての感覚であって、「これが自分の心だと思ったら間違いだ」というのが仏教の教えなのです。

例えば、「色《しき》」というのは、「色《いろ》」という字を書きますけれども、物体を意味します。その物体を、視覚や聴覚《ちょうかく》から入ってくる情報で受けます。これが「受《じゅ》」です。それについて「想《そう》」、想《おも》うという精神作用が出てきて、想いに基づいて今度は「行《ぎょう》」、反応や行動が出てきます。その結果について、また認識することを「識《しき》」といいます。これが「色・受・想・行・識」です。

しかし、そうした唯物論的な感覚器官の反応によって起きていることを自分自身だと思い、自分の考えだと思っているのは甘《あま》いということです。

つまり、こういうものは全部、「諸行無常《しょぎょうむじょう》」で消え去っていき、「諸法無《しょほうむ》我《が》」といって、やがては死んでバラバラになって灰になり、土になって消えていくものでしょう。肉体に基づく感覚器官は全部消えていくのであって、「これがあなたの本体ではないのだ」ということです。

要するに、あなたの本体とはそういうものではなく、感覚器官、五官を超《こ》えたところにあります。その感覚器官を超えた、本体の部分を「意《い》」と言い、これが心の中心に当たる部分であると思います。サンスクリット語では「マナス」といわれ、そういうものを古代からの仏教は伝統的に伝えています。

以上、宗教的な説明は簡単には理解できないかと思いますが、正直に、「心とは何か」について話をしてみました。

あとがき

日本の宗教や宗教系の大学の現状分析からみると、そして一般大学での宗教の扱われ方からみると、「学問の自由」と「信教の自由」が、まるで犬猿の仲で相容《あいい》れないもののようである。私たちは、すでに幸福の科学学園中学・高校を二校運営しており、進学校としても、運動・文化部実績としても、栃木県と滋賀県でモデル校となるだけの実績をあげている。

「どうしたらそんな素晴らしい学校になるのか教えてほしい。」とたくさんの校長や教頭たちが参観に来られ、自校で模範授業をしてほしいと要望してくるぐらいである。すべては、新しい宗教教育の効果と、すぐれた教材、教育方法の開発によるものである。

私たちは大学でも新しい時代精神を巻き起こし、日本の大学教育改革の牽引《けんいん》車《しゃ》となり、世界のモデル校になりたいと願っている。ぜひとも、全国、全世界の人々のご支持とご賛同をお願いしたいと希望している。

二〇一四年　八月十六日

幸福《こうふく》の科学《かがく》グループ創始者兼総裁《そうししゃけんそうさい》

幸福《こうふく》の科学大学創立者《かがくだいがくそうりつしゃ》　大川隆法《おおかわりゅうほう》

『幸福の科学大学創立者の精神を学ぶⅠ（概論）』大川隆法著作関連書籍

『太陽の法』（幸福の科学出版刊）
『黄金の法』（同右）
『永遠の法』（同右）
『新しき大学の理念』（同右）
『伊邪那岐・伊邪那美の秘密に迫る』（同右）
『天に誓って「南京大虐殺」はあったのか』（同右）

幸福《こうふく》の科《か》学《がく》大学《だいがく》創立者《そうりつしゃ》の精神《せいしん》を学《まな》ぶ I（概論《がいろん》）
――宗教的精神に基づく学問とは何か――

2014年8月19日　初版第1刷

著　者　大《おお》　川《かわ》　隆《りゅう》　法《ほう》

発行所　幸福の科学出版株式会社

〒107-0052 東京都港区赤坂2丁目10番14号
TEL(03)5573-7700
http://www.irhpress.co.jp/

印刷・製本　株式会社 東京研文社

落丁・乱丁本はおとりかえいたします

ISBN978-4-86395-532-5 C0037

大川隆法シリーズ・**最新刊**

ザ・ヒーリングパワー

病気はこうして治る

ガン、心臓病、精神疾患、アトピー……。スピリチュアルな視点から「心と病気」のメカニズムを解明。この一冊があなたの病気に奇跡を起こす!

1,500円

文部科学大臣・下村博文
守護霊インタビュー②

大学設置・学校法人審議会の是非を問う

「学問の自由」に基づく新大学の新設を、"密室政治"によって止めることは許されるのか? 文科大臣の守護霊に、あらためてその真意を問いただす。

1,400円

天に誓って
「南京大虐殺」はあったのか

『ザ・レイプ・オブ・南京』著者
アイリス・チャンの霊言

謎の死から10年、ついに明かされた執筆の背景と、良心の呵責、そして、日本人への涙の謝罪。「南京大虐殺」論争に終止符を打つ一冊!

1,400円

※表示価格は本体価格(税別)です。

大川隆法ベストセラーズ・「幸福の科学大学」が目指すもの

新しき大学の理念

「幸福の科学大学」がめざす
ニュー・フロンティア

2015年、開学予定の「幸福の科学大学」。日本の大学教育に新風を吹き込む「新時代の教育理念」とは？ 創立者・大川隆法が、そのビジョンを語る。

1,400円

「経営成功学」とは何か

百戦百勝の新しい経営学

経営者を育てない日本の経営学⁉ アメリカをダメにしたMBA――⁉ 幸福の科学大学の「経営成功学」に託された経営哲学のニュー・フロンティアとは。

1,500円

「人間幸福学」とは何か

人類の幸福を探究する新学問

「人間の幸福」という観点から、あらゆる学問を再検証し、再構築する――。数千年の未来に向けて開かれていく学問の源流がここにある。

1,500円

「未来産業学」とは何か

未来文明の源流を創造する

新しい産業への挑戦――「ありえない」を、「ありうる」に変える！ 未来文明の源流となる分野を研究し、人類の進化とユートピア建設を目指す。

1,500円

大川隆法ベストセラーズ・理想の教育を目指して

教育の法

信仰と実学の間で

深刻ないじめ問題の実態と解決法や、尊敬される教師の条件、親が信頼できる学校のあり方など、教育を再生させる方法が示される。

1,800円

教育の使命

世界をリードする人材の輩出を

わかりやすい切り口で、幸福の科学の教育思想が語られた一書。イジメ問題や、教育荒廃に対する最終的な答えが、ここにある。

1,800円

幸福の科学学園の未来型教育

「徳ある英才」の輩出を目指して

幸福の科学学園の大きな志と、素晴らしい実績について、創立者が校長たちと語りあった——。未来型教育の理想がここにある。

1,400円

幸福の科学出版

大川総裁の読書力

知的自己実現メソッド

区立図書館レベルの蔵書、時速2000ページを超える読書スピード──。1300冊を超える著作を生み出した驚異の知的生活とは。

1,400円

大川隆法の守護霊霊言

ユートピア実現への挑戦

あの世の存在証明による霊性革命、正論と神仏の正義による政治革命。幸福の科学グループ創始者兼総裁の本心が、ついに明かされる。

1,400円

政治革命家・大川隆法

幸福実現党の父

未来が見える。嘘をつかない。タブーに挑戦する──。政治の問題を鋭く指摘し、具体的な打開策を唱える幸福実現党の魅力が分かる万人必読の書。

1,400円

素顔の大川隆法

素朴な疑問からドキッとするテーマまで、女性編集長３人の質問に気さくに答えた、101分公開ロングインタビュー。大注目の宗教家が、その本音を明かす。

1,300円

※表示価格は本体価格（税別）です。

Noblesse《ノーブレス》 Oblige《オブリージ》 「高貴なる義務」を果たす、「真のエリート」を目指せ。

幸福の科学学園

中学校・高等学校（那須本校）

Happy Science Academy Junior and Senior High School

「私は、
教育が人間を創ると
信じている一人である。
若い人たちに、
夢とロマンと、精進、
勇気の大切さを伝えたい。
この国を、全世界を、
ユートピアに変えていく力を
出してもらいたいのだ。」

（幸福の科学学園 創立記念碑より）

幸福の科学学園 創立者

大川隆法

幸福の科学学園（那須本校）は、幸福の科学の教育理念のもとにつくられた、男女共学、全寮制の中学校・高等学校です。自由闊達な校風のもと、「高度な知性」と「徳育」を融合させ、社会に貢献するリーダーの養成を目指しており、2014年4月には開校四周年を迎えました。

幸福の科学学園・教育の特色

「徳ある英才」の創造

教科「宗教」で真理を学び、行事や部活動、寮を含めた学校生活全体で実修して、ノーブレス・オブリージ(高貴なる義務)を果たす「徳ある英才」を育てていきます。

体育祭

天分を伸ばす「創造性教育」

教科「探究創造」で、偉人学習に力を入れると共に、日本文化や国際コミュニケーションなどの教養教育を施すことで、各自が自分の使命・理想像を発見できるよう導きます。さらに高大連携教育で、知識のみならず、知識の応用能力も磨き、企業家精神も養成します。芸術面にも力を入れます。

探究創造科発表会

一人ひとりの進度に合わせた「きめ細やかな進学指導」

熱意溢れる上質の授業をベースに、一人ひとりの強みと弱みを分析して対策を立てます。強みを伸ばす「特別講習」や、弱点を分かるところまでさかのぼって克服する「補講」や「個別指導」で、第一志望に合格する進学指導を実現します。

授業の様子

自立心と友情を育てる「寮制」

寮は、真なる自立を促し、信じ合える仲間をつくる場です。親元を離れ、団体生活を送ることで、縦・横の関係を学び、力強い自立心と友情、社会性を養います。

毎朝夕のお祈りの時間

幸福の科学学園の進学指導

1 英数先行型授業

受験に大切な英語と数学を特に重視。「わかる」(解法理解)まで教え、「できる」(解法応用)、「点がとれる」(スピード訓練)まで繰り返し演習しながら、高校三年間の内容を高校二年までにマスター。高校二年からの文理別科目も余裕で仕上げられる効率的学習設計です。

2 習熟度別授業

英語・数学は、中学一年から習熟度別クラス編成による授業を実施。生徒のレベルに応じてきめ細やかに指導します。各教科ごとに作成された学習計画と、合格までのロードマップに基づいて、大学受験に向けた学力強化を図ります。

3 基礎力強化の補講と個別指導

基礎レベルの強化が必要な生徒には、放課後や夕食後の時間に、英数中心の補講を実施。特に数学においては、授業の中で行われる確認テストで合格に満たない場合は、できるまで徹底した補講を行います。さらに、カフェテリアなどでの質疑対応の形で個別指導も行います。

4 特別講習

夏期・冬期の休業中には、中学一年から高校二年まで、特別講習を実施。中学生は国・数・英の三教科を中心に、高校一年からは五教科でそれぞれ実力別に分けた講座を開講し、実力養成を図ります。高校二年からは、春期講習会も実施し、大学受験に向けて、より強化します。

5 幸福の科学大学(仮称・設置認可申請中)への進学

二〇一五年四月開学予定の幸福の科学大学への進学を目指す生徒を対象に、推薦制度を設ける予定です。留学用英語や専門基礎の先取りなど、社会で役立つ学問の基礎を指導します。

詳しい内容、パンフレット、募集要項のお申し込みは下記まで。

幸福の科学学園 関西中学校・高等学校

〒520-0248
滋賀県大津市仰木の里東2-16-1
TEL.077-573-7774
FAX.077-573-7775
[公式サイト]
www.kansai.happy-science.ac.jp
[お問い合わせ]
info-kansai@happy-science.ac.jp

幸福の科学学園 中学校・高等学校

〒329-3434
栃木県那須郡那須町梁瀬 487-1
TEL.0287-75-7777
FAX.0287-75-7779
[公式サイト]
www.happy-science.ac.jp
[お問い合わせ]
info-js@happy-science.ac.jp

仏法真理塾

サクセスNo.1

未来の菩薩を育て、仏国土ユートピアを目指す！

仏法真理塾「サクセスNo.1」とは

宗教法人幸福の科学による信仰教育の機関です。信仰教育・徳育にウエイトを置きつつ、将来、社会人として活躍するための学力養成にも力を注いでいます。

サクセスNo.1 東京本校（戸越精舎内）

「サクセスNo.1」のねらいには、「仏法真理と子どもの教育面での成長とを一体化させる」ということが根本にあるのです。

大川隆法総裁　御法話『サクセスNo.1』の精神」より

仏法真理塾「サクセスNo.1」の教育について

信仰教育が育む健全な心

御法話拝聴や祈願、経典の学習会などを通して、仏の子としての「正しい心」を学びます。

学業修行で学力を伸ばす

忍耐力や集中力、克己心を磨き、努力によって道を拓く喜びを体得します。

法友との交流で友情を築く

塾生同士の交流も活発です。お互いに信仰の価値観を共有するなかで、深い友情が育まれます。

●サクセスNo.1は全国に、本校・拠点・支部校を展開しています。

東京本校	TEL.03-5750-0747	FAX.03-5750-0737
名古屋本校	TEL.052-930-6389	FAX.052-930-6390
大阪本校	TEL.06-6271-7787	FAX.06-6271-7831
京滋本校	TEL.075-694-1777	FAX.075-661-8864
神戸本校	TEL.078-381-6227	FAX.078-381-6228
西東京本校	TEL.042-643-0722	FAX.042-643-0723
札幌本校	TEL.011-768-7734	FAX.011-768-7738
福岡本校	TEL.092-732-7200	FAX.092-732-7110
宇都宮本校	TEL.028-611-4780	FAX.028-611-4781
高松本校	TEL.087-811-2775	FAX.087-821-9177
沖縄本校	TEL.098-917-0472	FAX.098-917-0473
広島拠点	TEL.090-4913-7771	FAX.082-533-7733
岡山本校	TEL.086-207-2070	FAX.086-207-2033
北陸拠点	TEL.080-3460-3754	FAX.076-464-1341
大宮拠点	TEL.048-778-9047	FAX.048-778-9047

全国支部校のお問い合わせは、
サクセスNo.1 東京本校（TEL. 03-5750-0747）まで。

メール info@success.irh.jp

エンゼルプランV

信仰教育をベースに、知育や創造活動も行っています。

信仰に基づいて、幼児の心を豊かに育む情操教育を行っています。また、知育や創造活動を通して、ひとりひとりの子どもの個性を大切に伸ばします。お母さんたちの心の交流の場ともなっています。

TEL 03-5750-0757　FAX 03-5750-0767
メール angel-plan-v@kofuku-no-kagaku.or.jp

ネバー・マインド

不登校の子どもたちを支援するスクール。

「ネバー・マインド」とは、幸福の科学グループの不登校児支援スクールです。「信仰教育」と「学業支援」「体力増強」を柱に、合宿をはじめとするさまざまなプログラムで、再登校へのチャレンジと、進路先の受験対策指導、生活リズムの改善、心の通う仲間づくりを応援します。

TEL 03-5750-1741　FAX 03-5750-0734
メール nevermind@happy-science.org

ユー・アー・エンゼル！（あなたは天使！）運動

障害児の不安や悩みに取り組み、ご両親を励まし、勇気づける、障害児支援のボランティア運動です。学生や経験豊富なボランティアを中心に、全国各地で、障害児向けの信仰教育を行っています。保護者向けには、交流会や、医療者・特別支援教育者による勉強会、メール相談を行っています。

TEL 03-5750-1741　FAX 03-5750-0734
メール you-are-angel@happy-science.org

シニア・プラン21

生涯反省で人生を再生・新生し、希望に満ちた生涯現役人生を生きる仏法真理道場です。週1回、開催される研修には、年齢を問わず、多くの方が参加しています。現在、全国8カ所（東京、名古屋、大阪、福岡、新潟、仙台、札幌、千葉）で開校中です。

東京校 TEL 03-6384-0778　FAX 03-6384-0779
メール senior-plan@kofuku-no-kagaku.or.jp

入会のご案内

あなたも、幸福の科学に集い、
ほんとうの幸福を
見つけてみませんか？

幸福の科学では、大川隆法総裁が説く仏法真理をもとに、
「どうすれば幸福になれるのか、また、
他の人を幸福にできるのか」を学び、実践しています。

入会

大川隆法総裁の教えを信じ、学ぼうとする方なら、どなたでも入会できます。入会された方には、『入会版「正心法語」』が授与されます。（入会の奉納は1,000円目安です）

ネットでも**入会**できます。詳しくは、下記URLへ。
happy-science.jp/joinus

三帰《さんき》誓願《せいがん》

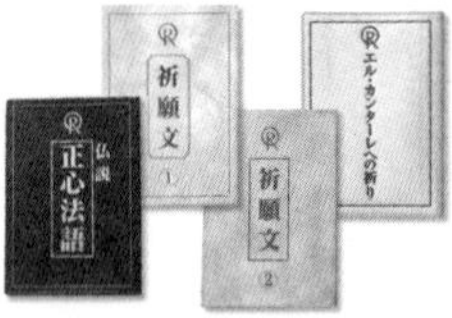

仏弟子としてさらに信仰を深めたい方は、仏・法・僧の三宝への帰依を誓う「三帰誓願式」を受けることができます。三帰誓願者には、『仏説・正心法語』『祈願文①』『祈願文②』『エル・カンターレへの祈り』が授与されます。

植福《しょくふく》の会

植福は、ユートピア建設のために、自分の富を差し出す尊い布施の行為です。布施の機会として、毎月1口1,000円からお申込みいただける、「植福の会」がございます。

「植福の会」に参加された方のうちご希望の方には、幸福の科学の小冊子（毎月1回）をお送りいたします。詳しくは、下記の電話番号までお問い合わせください。

月刊「幸福の科学」

ザ・伝道

ヤング・ブッダ

ヘルメス・エンゼルズ